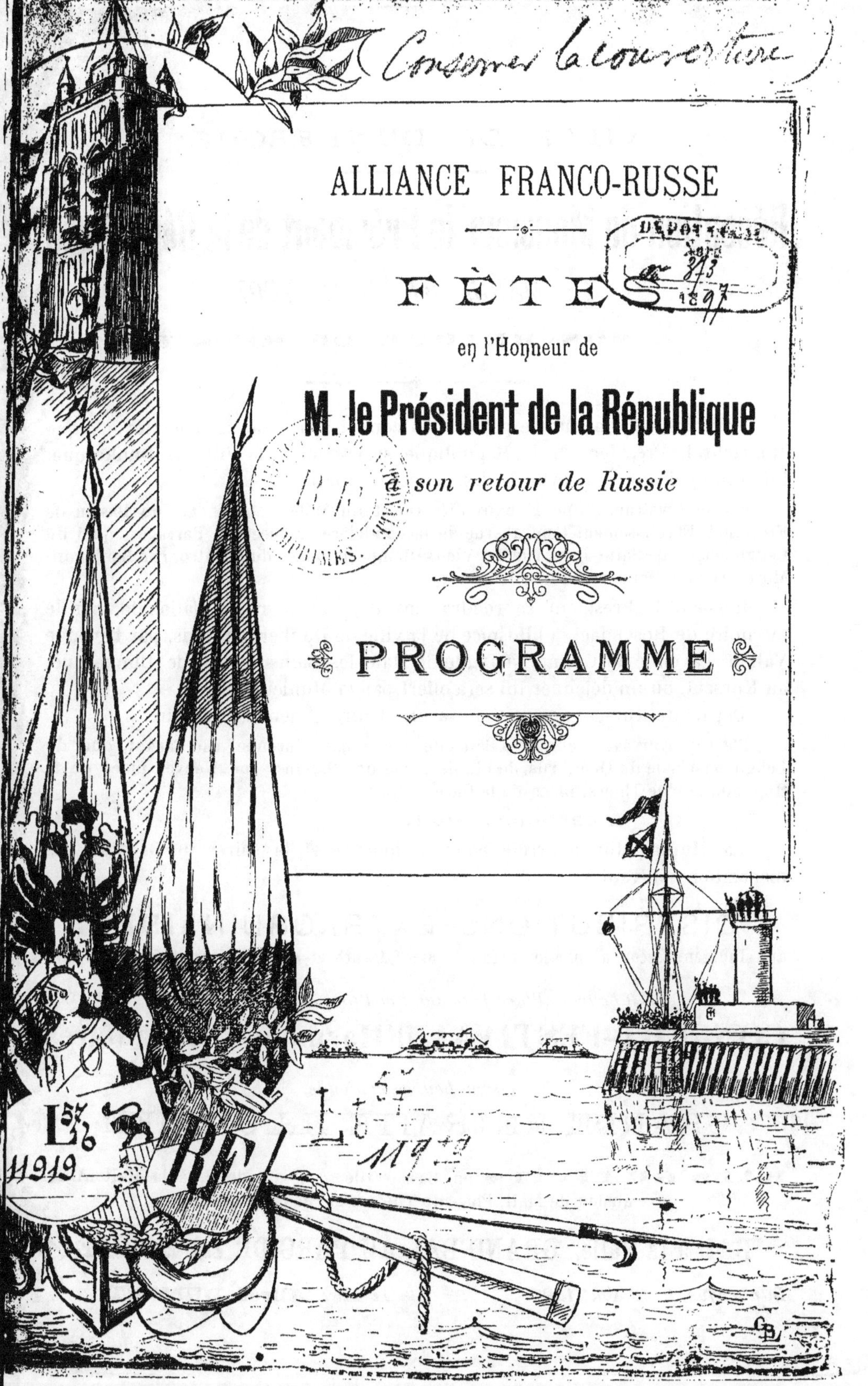
Conserver la couverture
ALLIANCE FRANCO-RUSSE
FÊTES
en l'Honneur de
M. le Président de la République
à son retour de Russie
PROGRAMME
RF
GB

VILLE DE DUNKERQUE

Réception de Monsieur le Président de la République

LE MARDI 31 AOUT 1897

A SON RETOUR DE RUSSIE

Le Maire a l'honneur de porter à la connaissance de ses concitoyens que Monsieur le Président de la République suivra, dans la Ville de Dunkerque, l'itinéraire ci-après (à partir de dix heures du matin) :

Ecluse Trystram, Môle 2, extrémité Ouest du Môle 1, quais Est du Bassin de Freycinet, Etablissement Central, rue de la Poudrière, Ecluses de Barrages, quai du Leughenaer, rue Saint-Jean, rue des Vieux-Remparts, place du Théâtre, rue Benjamin-Morel, rue de Nieuport, square Jacobsen.

Monsieur le Président se rendra ensuite, par la route Nationale, sur le territoire de Rosendael, à l'Hospice de la ville de Dunkerque, puis, par l'avenue Vallon, l'avenue du Casino, la Digue de Malo-les-Bains et celle de Dunkerque, au Kursaal, où un déjeuner lui sera offert par la Municipalité.

Départ du Kursaal pour la Gare à une heure et demie. **Itinéraire :**

Place du Kursaal, avenue des Bains de Mer, square Turenne, rue Carnot, quai du Leughenaer, rue du Quai, rue de l'Eglise, rue des Bassins, rue Neuve, place de la République, rue Thiers, place de la Gare.

A cette occasion :

La Municipalité a arrêté pour la journée et la soirée du 31 Août, les dispositions suivantes :

DISTRIBUTIONS EXTRAORDINAIRES

aux Indigents secourus par le Bureau de Bienfaisance et aux Pensionnaires de l'Hospice

A 3 heures, Place Jean-Bart et Place de la République.

CONCERT-FESTIVAL d'Harmonies & Fanfares

A sept heures et demie.

GRANDE RETRAITE ILLUMINÉE

BALS GRATUITS en Basse-Ville, à la Citadelle, à la Halle-Abri au Jeu-de-Mail, Place du Théâtre et rue Caumartin.

BAL à la Halle. GRAND BAL AU PARC DE LA MARINE

Dunkerque, le 28 Août 1897. *Le Maire,* **Alfred DUMONT.**

FÉLIX FAURE

FÊTES DU 31 AOUT 1897

CONCERT-FESTIVAL

d'Harmonies et de Fanfares

PLACE DE LA RÉPUBLIQUE

à trois heures

Fanfare des « *Enfants du Nord* ».
Musique Communale de Coudekerque-Branche.
Fanfare Communale de Rosendael.
Harmonie « *La Gauloise* », de Coudekerque Branche.
Fanfare Communale de Saint-Pol-sur-Mer.

PLACE JEAN-BART

à trois heures

Musique Communale de Bergues.
Fanfare de la Compagnie des Mines de Nœux.
Musique Communale de Saint-Omer.

ALFRED DUMONT

Maire de la Ville de Dunkerque

MALO-LES-BAINS

PROGRAMME DES FÊTES

qui seront données à l'occasion du

Passage de M. le Président de la République

A MALO

LUNDI 30 AOUT, à HUIT heures et demie

GRANDE RETRAITE AUX FLAMBEAUX AVEC MOTIFS LUMINEUX

ITINÉRAIRE : Place Turenne, avenue Faidherbe, rue Belle-Rade, rue du Cap-Horn, avenue Gaspad-Malo, place Turenne, rue de Flandre, Digue, avenue du Kursaal, rue de Paris, avenue du Casino, avenue Faidherbe, place Turenne.

MARDI 31 AOUT

Distributions Extraordinaires de Secours aux Indigents

à dix heures

Réception à la Mairie de la Musique des Canonniers Sédentaires de Lille

à onze heures

GRAND CONCERT sur la terrrsse du Casino

par la Musique des Canonniers Sédentaires de Lille. — Entrée : 2 francs.

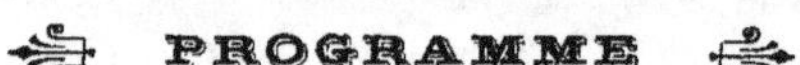

PROGRAMME

1. HULDIGUNGS, marche, Wagner ; — 2. Ouverture de JUBEL, Weber ; 3.MASSILIA, solo de clarinette exécuté par M. Muylaert, Kakosky ; 4. Grande Fantaisie Originale, Delannoy. — 5. MASCARADE, Lacome.

à 4 heures 1/2 du soir

GRAND CONCERT sur la digue

Par la Musique des Canonniers Sédentaires de Lille. — Entrée : 2 Francs

PROGRAMME

1. SOUS LA TENTE, Leroux ; 2. LA VIE D'ARTISTE, J. Straus ; 3. VALLIS-AURREA, Jaubert ; 4. JOLICTA, Kakosky ; 5. Marche Cosaque, Parès.

à 8 heures 1/2, Place Turenne,

ILLUMINATIONS A L'ACÈTYLÉNE. — GRAND BAL

DUNKERQUE ET L'ALLIANCE RUSSE

Lorsque tout-à-coup, aux premiers jours de ce mois d'Août 1897, Dunkerque apprit que le Président de la République avait choisi son port entre tous ceux de la région, comme point d'embarquement pour aller en Russie, afin de rendre à l'empereur Nicolas II et à l'impératrice Alexandra Féodorovna, la visite qu'ils avaient faite à la France, dans les jours inoubliables du mois d'Octobre 1896, une émotion profonde fit battre tous les cœurs.

Certes, le patriotisme local, si ardent à Dunkerque, avait droit de se réjouir de cet évènement. La visite du Président n'était-elle pas la consécration, et comme le couronnement des efforts dus à l'union de tous ? Depuis l'avènement de la République, pour arriver à la transformation complète du port et pour lui rendre, entre tous nos hâvres français, l'importance relative qui lui appartient par suite de son admirable position géographique ? Certes, on se souvenait que cent quatre-vingt-dix ans auparavant, c'est à Dunkerque que, pour la première fois, un souverain russe, Pierre-le-Grand, avait posé le pied sur la terre française, et on aimait à se persuader qu'en prenant la mer à Dunkerque, le Président avait voulu relier le passé au présent et voir dans ce souvenir qu'il ranimait, un heureux présage pour le succès de son entreprise.

Néanmoins, une pensée plus haute et plus noble dominait ce souvenir local dont la cité a le droit de s'enorgueillir. Sans savoir encore que nous assistions à la première étape d'un voyage triomphal pendant lequel Russes et Français allaient sentir leurs cœurs battre à l'unisson dans un enthousiasme qui devait balayer les dernières hésitations d'une diplomatie prudente et formaliste, chacun savait qu'un grand évènement se préparait et que ce voyage du Chef de l'Etat aurait des conséquences durables pour l'avenir de la patrie.

De là l'élan avec lequel chacun a contribué à décorer, le 18 août, la ville avec une élégance, une profusion et un goût exquis, auquel toute la Presse a rendu hommage en affirmant que jamais, au cours des voyages présidentiels, on avait été témoin d'un semblable spectacle.

De là aussi l'irrésistible courant de sympathie qui s'est spontanément établi sur tout le passage du cortège, entre la foule vibrante d'enthousiasme et le Président ému et charmé.

De là surtout l'émotion poignante qui se communique de proche en proche dans les masses, à la vue de cette flotte qui saluait de ses canons le représentant de la France, debout sur la passerelle du *Pothuau*, prêt à lever l'ancre, pour aller porter, au delà des mers, les vœux et les désirs de la Patrie.

Il ne faut pas s'y méprendre. Dunkerque, à ce moment, a été l'interprète de la nation toute entière. Les innombrables étrangers qui, en ce jour du 18 août 1897, sont arrivés en foule dans nos murs, jusqu'à tripler la population de la cité, n'y ont pas été uniquement attirés par l'éclat de nos fêtes où par la réputation d'hospitalité cordiale que Dunkerque réserve à ses visiteurs, ils ont voulu s'associer à une manifestation grandiose dont le bruit devait avoir un écho sur les bords de la Néva.

Dans son toast, Monsieur Félix Faure n'a-t-il pas dit, à l'issue de la revue de Krasnoié-Sélo :

« A Paris, dans les Alpes, lors de mon dernier voyage à Dunkerque, enfin » au moment où je m'embarquais pour venir saluer la Russie et son auguste » Empereur, le vœu unanime que m'a exprimé l'armée française a été que je » porte à l'armée russe la nouvelle et toujours sincère assurance de sa » profonde amitié. »

Et le Président a été bien inspiré en exprimant en ces termes chaleureux la pensée intime de l'armée française, car, dans un pays comme le nôtre, où le service obligatoire est la base de nos institutions militaires, l'armée est l'interprête du sentiment national.

Mais bientôt on ne devait plus se contenter d'allusions plus ou moins vagues à la « confraternité d'armes » ou aux « liens qui unissent les deux pays dans une harmonieuse activité et dans une mutuelle confiance en leurs destinées. » Les deux toasts échangés sur le *Pothuau* articulent nettement le mot d'*alliance* et ne laissent plus place à aucune ambiguité ; il convient d'en peser tous les termes pour bien en comprendre la valeur :

« La Marine française et la Marine russe, a dit M. Félix Faure, peuvent être fières de la part qu'elles ont prises, dès le premier jour, dans les grands événements qui ont fondé l'intime amitié de la France et de la Russie ; elles ont rapproché des mains qui se tendaient et permis à deux nations unies et alliées, guidées par un idéal commun de civilisation, de droit et de justice, de s'unir fraternellement dans le plus sincère et la plus loyale des étreintes ».

En répondant à ces paroles, l'empereur Nicolas II a tenu à en accentuer encore le sens et la portée :

« Je suis heureux de voir, a-t-il formellement affirmé, que votre séjour parmi nous crée un nouveau lien entre nos deux nations unies et alliées, également résolues à contribuer, par toute leur puissance, au maintien de la paix du monde, dans un esprit de droit et d'équité ».

Et maintenant quels sont les termes exacts du pacte conclu entre la France et la Russie ? Le temps, à son jour et à son heure nous les dévoilera ; sachons contenir l'impatience que nous éprouvons de les connaître ; les traités diplomatiques perdent presque toute leur valeur quand on en divulgue le texte. Quel que soit celui qui a été conclu, il est évident qu'il modifie profondément la situation de la France en Europe et cela à son avantage. Qu'importe donc pour le moment ce qu'il stipule, actuellement ne considérons qu'une chose :

Lorsque le 18 août 1897 le *Pothuau* quittait notre rade, à notre enthousiasme patriotique, à nos acclamations vibrantes, se mêlait cette sorte d'anxiété qu'inspire toujours l'inconnu.

Aujourd'hui au contraire les voiles sont déchirés. Ayons confiance en la parole du Tsar de toutes les Russies et dans la parole du Président de la République qui, sur une terre étrangère, a su personnifier la France avec tant de tact, d'intelligence et de simplicité cordiale.

Songeons que Dunkerque aura, le 31 Août 1897, l'honneur d'être la ville de France où au retour d'un voyage triomphal, fécond en résultats, le Chef de l'Etat posera le pied sur le sol de la patrie. N'oublions pas qu'en ce jour nous exprimerons les premiers les sentiments de la France entière. C'est pourquoi le 31 Août 1897, tandis que M. Félix Faure, visitant notre ville, parcourant nos installations maritimes, fera trêve aux graves préoccupations de la politique pour aller porter une parole de consolation ou d'encouragement aux enfants et aux vieillards de nos hospices, nous l'accueillerons unanimement par les cris qui l'ont salué à Cronstadt et à Saint-Pétersbourg, de :

Vive le Président français! Vive la Russie! Vive la France!

DEUX DATES

En arrivant à la Sous-Préfecture, le 18 août dernier, Monsieur le Président de la République s'est arrêté devant deux plaques commémoratives qui rappellent deux événements mémorables dans l'histoire de notre cité. Sur la première on lit :

Le Tzar Pierre-le-Grand
a séjourné dans cet hotel
du 21 au 25 avrie
1717

L'autre porte cette inscription :

Le Président Félix Faure
Se rendant en Russie
Est parti de cet hotel
Pour s'embarquer
Le 18 Aout 1897

Ces deux évènements ont laissé une trace profonde dans nos annales et il convient de leur donner une large place dans ce souvenir que nous publions des manifestations Franco-Russes.

PIERRE-LE-GRAND A DUNKERQUE

Le Tzar Pierre-le-Grand arriva par le canal de Furnes le 21 avril 1717.

Le choix de Dunkerque comme point d'arrivée du Souverain moscovite, n'était pas, sans doute, un effet du hasard. Pendant son séjour dans les Provinces-Unies, le Tzar n'avait pas été sans entendre parler des hauts-faits des Dunkerquois qui répandaient la terreur sur toutes les côtes de la Hollande ; d'ailleurs, ils n'étaient pas inconnus des riverains de la Mer Baltique, des Russes aussi bien que des Norwégiens et des Suédois avec lesquels ils entretenaient d'actives relations commerciales ; enfin, Pierre-le-Grand n'ignorait pas tout ce que Louis XIV avait fait pour doter les côtes françaises de la mer du Nord d'un grand arsenal maritime et il désirait contempler de ses propres yeux les travaux grandioses devant lesquels, si l'on en croit une médaille du temps, ceux qui avaient transformé Memphis n'étaient rien.

Hélas ! le port n'était déjà plus « le plus beau bien du monde » qu'avait admiré Louis XIV.

A ce moment même, Dunkerque traversait la crise la plus cruelle de son existence agitée.

Quelques années auparavant, elle avait payé la rançon de la France ; conformément aux stipulations du traité d'Utrecht, il avait fallu détruire les défenses maritimes accumulées pour mettre Dunkerque à l'abri des entreprises de l'ennemi ; cédant à la mauvaise fortune, le roi avait dû tout détruire ; mais aussitôt, il s'était préoccupé de réparer le mal : la création du canal de Mardyck avait donné une nonvelle issue au port.

Malheureusement, Louis XIV mourut au moment où ce grand travail venait d'être terminé. Un enfant ceignit sa couronne et le pouvoir fut confié au duc d'Orléans. Le Régent et l'abbé Dubois, son ministre, modifièrent profondément l'orientation politique de la France ; faibles au dedans comme au dehors, ils recherchèrent l'appui de l'Angleterre, et celle-ci mit pour condition à son alliance la destruction du canal de Mardyck.

Le traité de La Haye, dont l'un des articles consommait la ruine de Dunkerque, avait été signé le 4 janvier précédent ; au moment où le Tzar arrivait dans leur ville, les Dunkerquois, plongés dans la profonde désolation, incertains de l'avenir, étaient peu disposés à faire au Souverain étranger l'accueil empressé qu'ils s'étaient toujours plu à ménager aux têtes couronnées.

Néanmoins, le Magistrat voulut faire convenablement les choses ; il désigna pour loger « Sa Majesté Tzaréenne », l'Hôtel de l'Intendance, situé Marché-aux-Volailles. L'intendant était absent ; pour que l'hôtel fût digne de celui qu'il devait héberger, on s'adressa à un marchand tapissier nommé Collain, qui s'engagea à fournir les meubles, les tentures et l'argenterie nécessaires au prince et à sa suite. Celle-ci surtout, qui était assez nombreuse, devait apprécier vivement un confort auquel les Russes n'étaient guère accoutumés, et, parmi les compagnons du Tzar, il s'en trouva quelques-uns qui s'approprièrent certains objets à leur convenance ; plus tard, Collain réclama au Magistrat le prix des objets fournis par lui et qui avaient été dérobés.

Pierre-le-Grand, au contraire se montra plein de tact. Il connaissait la situation pénible de Dunkerque et, dés son arrivée, le 21 avril, vers les quatre heures de l'après-midi, il déclina une réception pompeuse qui aurait fait un étrange contraste avec le deuil des habitants.

Un excellent guide, François-Cornil Bart, conduisait le tzar ; nul mieux que lui ne pouvait évoquer le passé ni montrer ce qu'avait été, tout récemment encore, ce port où il était rentré si souvent victorieux à la suite d'une brillante croisière ; on s'imagina facilement que le souverain russe préféra la société du fils aîné de Jean Bart à celle de M. Libois, gentilhomme ordinaire du Roi que la Cour avait envoyé à Dunkerque pour le recevoir et l'accompagner jusqu'à Paris.

Dans l'après-midi, Pierre se rendit à l'église Saint-Eloi dont le curé Deswaerte lui montra toutes les richesses : orfèvrerie religieuse, ornements sacerdotaux, tableaux. L'église paroissiale renfermait, avant la Révolution, un grand nombre d'objets d'art qui n'étaient pas sans mérite et dont quelques-uns seulement ornent le sanctuaire. Pour ne citer que les tableaux, Pierre-le-Grand put s'arrêter devant le *Martyre de saint Georges* par François Porbus, une *Cène* par Otto Vénius, les *Quatre Couronnés* de Jean de Reyn, un *Martyre de sainte Barbe* par Elias.

Le milieu de la journée fut réservé à une excursion aux écluses du canal de Mardyck. Dans une belle phrase pathétique, mais qui n'a qu'un tort, celui d'être inexacte, Derode, parlant de cette visite du tzar, a écrit : « Il alla même voir les ruines de Mardyck ; son œil put errer sur la plage où avaient été élevés si rapidement les ouvrages fameux, détruits plus promptement encore. »

Lorsque le prince les visita, les écluses étaient intactes ; il n'eut tenu qu'à la volonté du Régent de faire passer par la grande un vaisseau de 70 canons et, par la petite, une frégate de 26 ou un bâtiment de 300 tonneaux. Seulement, quelques jours plus tard, il n'en fut plus ainsi ; à peine le souverain russe eût-il quitté Dunkerque que l'on commença la destruction prescrite par le traité de La Haye. Il semblait que la Fortune eût voulu conserver jusque-là, dans toute sa grandeur, la dernière œuvre entreprise par Louis XIV en faveur de son port de prédilection, afin de présenter aux yeux des Moscovites, dès leur arrivée dans le royaume, un témoignage réel de la puissance du grand Roi.

Après avoir vu les écluses de Mardyck, rien ne retenait le tzar à Dunkerque ; il y passa encore une journée presque entièrement consacrée au repos, car il se borna à assister de nouveau aux évolutions de la garnison sur l'Esplanade, et, le 25 avril, il montait en carosse avec M. Libois pour se rendre à Calais.

Tel est le récit de la visite de Pierre-le-Grand à Dunkerque. Elle est comme un dernier hommage rendu à la renommée et à la bravoure des Dunkerquois au moment où, condamnés par la nécessité de la politique, ils semblaient ne devoir jamais se relever du coup qui les frappait.

Mais sait-on jamais ce que cache l'avenir ?

L'énergie, le courage et la persévérance des Dunkerquois devait lasser la haine de leurs ennemis ; ils surent se plier aux circonstances et, après une longue lutte soutenue sans faiblesse, l'arsenal de Louis XIV s'est transformé en un vaste entrepôt commercial et maritime ; il est devenu le troisième port de France.

Est-ce à dire pour cela que ce port ait renoncé aux traditions premières qui ont fait sa gloire dans le passé ? En aucune façon.

En cas de conflit, il reste toujours le poste d'avant-garde indiqué à nos marins sur la pointe la plus septentrionale de notre territoire et il est en mesure de recevoir, lui aussi, comme Toulon, une escadre russe, s'il plaisait à l'Empereur Nicolas II de l'y envoyer.

***

On peut dire que l'alliance franco-russe date du jour où Pierre-le-Grand, entrant en France par Dunkerque, puis visitant Paris, prit dans ses bras Louis XV enfant et l'embrassa sur les deux joues en dépit de l'étiquette.

Il s'ensuivit une proposition d'alliance perpétuelle; mais cette tentative échoua.

*
* *

Aujourd'hui, après les toasts prononcés à bord du *Pothuau*, on peut considérer l'alliance franco-russe comme définitivement contractée.

*
* *

Parlons maintenant de la journée du 18 août 1897, où M. Félix Faure s'est embarqué pour ce voyage en Russie, dont le retentissement a été si considérable.

La réception que la ville de Dunkerque a faite à Monsieur le Président de la République a été ce qu'elle devait être : splendide, admirable, grandiose. Les marques de sympathie, les acclamations, les vivats qui l'ont salué sur tous les points du parcours du cortège, et qui l'ont accompagné jusque sur la passerelle du *Pothuau*, ont fait comprendre au chef de l'Etat combien notre brave population était heureuse et fière d'avoir à le saluer une dernière fois, au moment, où il allait rendre au tzar Nicolas II la visite que celui-ci a faite à la France en octobre dernier, visite qui cimentera d'une façon éclatante, solennelle et, espérons-le, inébranlable, l'alliance de notre Pays avec la Russie.

En saluant l'homme qui a pour mission de représenter la Patrie dans des circonstances solennelles, c'est la France elle-même qu'acclamaient, hier, ces innombrables citoyens accourus de tous les points de la région pour assister aux fêtes données en l'honneur de la visite du Président.

On avait pu craindre, en présence du temps affreux qui n'avait pas cessé de régner pendant toute la nuit et une partie de la matinée, que la pluie vienne contrarier la magnificence des fêtes et en diminuer l'éclat. Il n'en a rien été heureusement.

Vers dix heures, le vent dissipe les nuages, la pluie cesse et la dernière main est donnée aux préparatifs qu'on se hâte de terminer.

Les rues deviennent de plus en plus animées, une foule joyeuse circule dans les rues, admirant les décorations, les arcs de triomphe, les fausses portes ; les trains qui se succèdent sans interruption déversent sur les quais de la gare une énorme quantité de voyageurs ; la foule grossit sans cesse, bientôt la circulation devient difficile.

A midi 51, exactement à l'heure fixée, le train présidentiel entre en gare.

Toutes les têtes se découvrent. On pénètre immédiatement dans le salon de réception encombré de plantes, de trophées de drapeaux et dont le tapis, ameublement vieux vert et un splendide éclairage électrique, font un effet merveilleux.

M. Alfred Dumont, maire de Dunkerque, souhaite la bienvenue à M. Félix Faure ; M. Sculfort, président du Conseil Général du Nord et M. Vancauwemberghe, président du Conseil d'Arrondissement, prennent à leur tour la parole.

M. le Président de la République les remercie en termes émus.

Les réceptions officielles sont terminées. Le Président sort de la gare. Dès qu'il apparaît, une clameur formidable retentit étouffant les sons des musiques qui jouent la *Marseillaise* et des tambours qui battent et sonnent aux champs.

Le Soleil est radieux. La place de la Gare est bordée par la gendarmerie à cheval ; à gauche sont les dragons de l'escorte. Derrière les troupes, même entre les jambes des chevaux, à toutes les fenêtres, sur tous les toits, une foule compacte, énorme, ne cesse de lancer des hourrahs, des vivats, des acclamations.

Le coup d'œil est impressionnant.

Précédé par les dragons et les gendarmes, le cortège officiel se met en route ; il franchit l'arc-de-triomphe du pont Thiers et entre en contact plus intime avec la foule.

Sur le parcours, les troupes présentent les armes, les drapeaux s'inclinent, les musiques, échelonnées le long de la route, jouent la *Marseillaise*, les chapeaux et les mouchoirs s'agitent, on applaudit, on acclame, on pousse des vivats à pleine gorge ; la foule est immense, les accotements des rues en sont bondés, les fenêtres montrent dans leur ébrasement des grappes humaines ; les toits sont noirs de monde ; c'est délirant. Une clameur sympathique et ininterrompue monte vers le Président qui, rayonnant, radieux, salue tout ce public qui a les yeux sur lui.

Place Jean-Bart, les Sociétés militaires présentent un coup d'œil remarquable par leur ordre, leur discipline, leur enthousiasme ; le Président les contemple avec admiration, les salue avec une attention toute particulière et se retourne pour les saluer encore, alors que déjà le landau est passé.

Le cortège arrive à la Sous-Préfecture ; le landau présidentiel y pénètre seul. M. Félix Faure examine les deux plaques commémoratives qui sont apposées sur les murs, puis il reçoit un bouquet des mains d'une jeune orpheline des hospices.

Le cortège se remet en route au milieu du même enthousiasme. Les têtes des gens qui font la haie sont singulièrement curieuses à observer, elles sont radieuses, rayonnantes, expressives, et, dans leurs acclamations qui se perdent dans la masse, on dirait que chacun est en colloque personnel avec le Président.

Enfin, on arrive au port, on traverse les ponts et l'on arrive au quai d'embarquement.

Sur le terre plein de l'Ecluse Trystram, une vaste tente est installée, où se tiennent toutes les notabilités locales et les maires de l'arrondissement.

Monsieur le Président a un mot aimable pour chacun.

Il remercie encore M. le Maire de Dunkerque de l'accueil qu'il a reçu dans notre bonne ville.

— Je vous ai promis, dit-il, de m'arrêter à Dunkerque, à mon retour, je vous le promets doublement maintenant que j'ai pris contact avec la ville de Dunkerque, sa population et sa Municipalité.

Monsieur Félix Faure monte ensuite sur la passerelle de l'*Elan* tendue de velours grenat.

Il est accompagné de M. le baron Froederickxz, de M. Hanotaux, de l'amiral Besnard et de l'amiral Gervais.

La Musique du 110e joue la *Marseillaise* que le Préident écoute chapeau bas.

Les cris de : Vive Félix Faure ! Vive la France ! Vive la Russie ! éclatent de toutes parts.

L'*Elan* est déhalé et lentement il traverse l'Ecluse, salué par l'Hymne Russe.

Les acclamations redoublent pendant que l'aviso s'éloigne vers la haute mer.

Il était alors 2 heures 15.

***

Au moment où M. Félix Faure s'est embarqué sur l'*Elan*, M. Alfred Dumont a adressé le télégramme suivant à S. M. l'empereur Nicolas :

A Sa Majesté l'Empereur de Russie
Saint-Pétersbourg.

Au moment où le Président de la République vient de quitter la terre de France pour se rendre en Russie, la ville de Dunkerque, témoin de son départ que notre population accompagne de tous ses vœux, prie Votre Majesté d'agréer l'expression des sentiments de joie que lui inspire un événement si bien fait pour resserrer encore l'union des deux peuples.

Le Maire de Dunkerque,
Alfred DUMONT.

***

Aujourd'hui notre ville reçoit M. Félix Faure de retour de ce voyage en Russie.

Les Dunkerquois lui feront une ovation enthousiaste ; ils seront les premiers à acclamer l'alliance franco-russe, solennellement proclamée par les deux chefs d'Etat.

Vive la France ! Vive la Russie !

Dunkerque — Imprimerie du Journal LA FLANDRE, 30, rue Nationale

GRANDE RETRAITE ILLUMINÉE

Départ à SEPT heures et demie

ITINÉRAIRE

Abattoir (formation), rue de Paris, rue du Fort-Louis, ru du Milieu, rue de la Paix, rue de Vauban

Pont Royal

Rue de la Ferronnerie, place de la République, rue Alexan dre III, rue Nationale, rue du Sud, rue Dupouy, place Jean Bart (Banque-Crédit-Lyonnais-Arcades), rue des Vieux-Quar tiers, rue de l'Eglise, rue du Quai

Quai du Leughenaer

Rue des Arbres, rue des Vieux-Remparts, rue Emmery, ru du Jeu-de-Paume, place du Théâtre, rue Royer, rue de Vieux-Quartiers, place Jean-Bart (Café Italien), rue Saint Barbe, rue de l'Abreuvoir, rue du Sud, Place de la Républiqu rue Royale, rue de Paris, Hôtel des Pompiers.

www.ingramcontent.com/pod-product-compliance
Lightning Source LLC
LaVergne TN
LVHW052039160826
845678LV00003B/1422

* 9 7 8 2 3 2 9 6 3 1 0 5 9 *